Ulrich Schäfer

SCHLOSS DRACHENBURG
im Siebengebirge

Deutscher Kunstverlag Berlin München

Venusterrasse und Südfassade

AUFTAKT

A m Westhang des Drachenfels, dem Rhein zugewandt, liegt ein schon aus der Ferne durch seinen pittoresken Detailreichtum beeindruckendes Gebäude in der wunderschönen Landschaft des Siebengebirges. Von Norden aus gesehen rücken hier die Berge der Mittelgebirge enger zusammen. Geografisch beginnt hier (oder endet, der Richtung des Stroms folgend) das Mittelrheintal, das mit seiner Burgenromantik schon im 18. Jahrhundert Touristen anzog. Lord Byron, Heinrich Heine, William Turner und viele weitere Künstler ließen sich hier zu bedeutenden Werken inspirieren.

Blick über den Rhein auf Drachenfels und Drachenburg

Blick vom Aussichtspunkt am Anstieg zum Drachenfels

Schloss Drachenburg in dieser überaus beeindruckenden Lage ist aber eine Schöpfung erst des späten 19. Jahrhunderts. Von der Ruine auf dem Drachenfels und den vielen weiteren Burgen und Burgruinen am Rhein trennen es Jahrhunderte. Das »Neuschwanstein des Rheinlands« hatte nicht wie jenes einen König als Bauherrn, sondern mit Baron Stephan von Sarter einen wahren »Selfmademan«, der aus kleinen Verhältnissen stammte und sein Geld durch Börsengeschäfte fern von der Heimat gemacht hatte. In Bad Godesberg geboren und in Köln sozialisiert, hatte er seine Erfolge in Paris erlebt (siehe S. 6/7).

Das Schlossprojekt König Ludwigs II. von Bayern wird Stephan Sarter inspiriert haben. Der Bürgersohn erlangte den Freiherrenstand 1881 durch den Herzog von Sachsen-Meiningen. Das 1882 bis 1884 in seinem Auftrag erbaute Schloss Drachenburg sollte des Freiherrn würdiger Rahmen sein. Doch Stephan von Sarter hat sein Schloss nie bewohnt. Er blieb in Paris, der Stadt seiner Erfolge, bis zu seinem Tod 1902.

Baron Stephan von Sarter (Bonn 1833 – 1902 Paris)

Als Spross aus einer nicht eben begüterten Bonner Familie verließ Stephan Sarter das Gymnasium mit der mittleren Reife, um eine Berufsausbildung beim Kölner Bankhaus Leopold Seligmann anzuschließen. Mit der Empfehlung seines Lehrherrn wechselte er 1856 zur Bank Salomon Oppenheim, die ihn bald zu ihrer Filiale in Paris entsandte.

Stephan Sarter entwickelte sich zu einem Fachmann für Börsengeschäfte, seine Spezialität war die Bewertung von Anleihen und börsennotierten Unternehmen: das Berufsbild der heutigen Finanzanalysten. Im 19. Jahrhundert waren für Recherchen über die Bonität von Aktiengesellschaften Reisen zwingend erforderlich, weil beispielsweise an der Pariser Börse auch die Aktien ausländischer Unternehmen gehandelt wurden, zum Beispiel Eisenbahnaktien aus den USA, Spanien oder Österreich.

Offenbar konnte Stephan Sarter die Erkenntnisse aus seinen Analysen auch für eigene Spekulationsgeschäfte erfolgreich anwenden und seine Angestelltentätigkeit brachte dem Junggesellen genügend Kapital ein, das er einsetzen konnte. So konnte er sich ab 1862 in Paris selbstständig machen, um seine Analysen in vielen kleinen Broschüren und einer Zeitschrift zu publizieren und auf eigene Rechnung zu spekulieren. Besonders erfolgreich war er als Spekulant mit Aktien der Sueskanal-Gesellschaft, die er in seinen Broschüren auch immer wieder zum Kauf empfahl, nicht ohne auf seine früheren zutreffenden Prognosen hinzuweisen.

Es gibt keine direkten Quellen über den Umfang seines so erworbenen Vermögens. Allerdings zeigen die Gebäude und der Landschaftspark von Schloss Drachenburg: Es war sehr viel Geld, das der Bauherr zu seinem Ruhm einsetzte. Auch seine Erhebung in den Adelsstand 1881 hatte den Einsatz finanzieller Mittel gefordert. Gegen Ende des Jahrhunderts gingen seine Geschäfte nicht mehr so gut. Er hatte sich verspekuliert und offenbar einen Teil seines Vermögens eingebüßt. Doch ging es ihm nie so schlecht, dass er die Drachenburg hätte verkaufen müssen.

Der Bau der Drachenburg wirft ein seltsam zwiespältiges Licht auf ihren Bauherrn. Er hatte sehr viel Geld ausgegeben, um sich als deutscher Freiherr zu präsentieren, der in seiner engeren Heimat mit ihren Mythen verwurzelt ist. Gleichzeitig hatte Sarter in Frankreich erfolgreich seine Einbürgerung betrieben: Seit 1890 war er Franzose. Die Drachenburg hat er nicht bewohnt. Er starb 1902 in Paris, sein Grab befindet sich auf dem Friedhof in Königswinter unterhalb der Drachenburg.

Stephan Sarter, Repro aus J. H. Biesenbach, »Ein rheinischer Jung«, Foto 1858

Drachenfels und Drachenburg von Südwesten über den Rhein,

links im Hintergrund das Gästehaus der Bundesregierung auf dem Petersberg

ANNÄHERUNG AN
SCHLOSS DRACHENBURG

Seit dem 18. Jahrhundert wurde und bis heute wird der enge Mittellauf des Rheins mit seinen dicht an den Strom heranrückenden Gipfeln, Burgen und Ruinen als hoch romantisch empfunden. Die Landschaft zog Reisende an, wurde gar obligatorischer Bestandteil der »Grand Tour« junger englischer Adeliger. Mit solchen Stimmungswerten versehen wurde sie Inspiration für Dichter und Maler.

Als besonderer Ort stach der Drachenfels aus seiner Umgebung heraus. Lord Byron (»The castled Crag of Drachenfels«), Heinrich Heine, Ferdinand Freiligrath und viele andere Dichter haben sich von dem Ort, seiner Landschaft und der prominent gelegenen

Joseph Mallord William Turner, Drachenfels und Rolandsbogen von Süden, 1817, Tate Britain, London

Der »Heinrichsblick«, eine Position zwischen Mehlem und Niederbachem

Burgruine inspirieren lassen. Für viele Maler – mehrfach zum Beispiel für William Turner – war der Blick von Süden auf Drachenfels und Rolandsbogen ein anregendes Motiv (Abb. S. 10). Stephan Sarter war es gelungen, ein sehr großes Grundstück unterhalb des Drachenfels zu erwerben, um sein Schloss in dieses
Panorama einzufügen.

Die Fernsicht aus der von Turner und vielen anderen bevorzugten Perspektive von Süden bzw. Südsüdwest zeigt Hauptturm
und Nordturm in deutlicher Hierarchie, auch die steile Dachlandschaft südlich des Hauptturms und die Kuppel über der Kunsthalle zwischen Haupt- und Nordturm sind deutlich zu erkennen.
Steile Dächer und einige Bäume ragen aus der geschwungenen
Linie des Mittelgebirgshorizonts heraus. Der »Heinrichsblick« –

eine Position zwischen Mehlem und Niederbachem – zeigt mehr vom Unterbau des Schlosses (Abb. S. 11). Vom Petersberg aus gerät die Vorburg mit in den Blick, hinter der die Türme und Dächer des Schlosses mächtig emporragen (Abb. vordere Umschlaginnenseite).

Etwas näher gelegene Blickpunkte bieten die Position am Denkmal für Heinrich von Dechen und ein Aussichtspunkt auf dem halben Weg zwischen der Drachenburg und der Burgruine Drachenfels (siehe Titelbild). Vom Dechen-Denkmal aus sehen wir oberhalb der Vorburg hinter Baumwipfeln Turmspitzen (Abb. S. 14/15). Spektakulär ist der Blick vom Aussichtspunkt auf halbem Weg zwischen Schloss Drachenburg und dem Gipfel mit der Ruine. Von hier aus erblicken wir die Südfassade mit der

Blick von der Drachenburg nach Norden

*Blick von der Venusterrasse nach Süden mit dem Rhein und der
Insel Nonnenwerth*

Venusterrasse (Abb. S. 5). Diese Perspektive setzt das Menschen-
werk in einen lieblichen Rahmen vor dem Hintergrund des nach
Norden hin breiter werdenden Stromtals – heute ziemlich zersie-
delt und durch nicht eben schöne Industriegebiete geprägt.

Auch in der anderen Richtung bringt die herausgehobene Lage
am Hang manch schöne Blickbeziehung. An sehr klaren Tagen
reicht der Blick von der Nordturmterrasse bis nach Köln (Abb.
S. 12), und näheres Hinsehen erweist, dass die Fluchten der
Längswände auf die Türme des Kölner Doms hin ausgerichtet
sind. Von der Venusterrasse aus fällt der Blick auf den Rhein bei
Bad Honnef mit der Insel Nonnenwerth (Abb. oben). Diesen Blick
bieten natürlich auch die Türme und so mancher Erker.

Der Blick vom Dechen-Denkmal aus

DIE SCHLOSSGEBÄUDE

Die Vorburg

Der inszenierte Zugang zu dem weitläufigen Anwesen erfolgt über die Vorburg. Die spitzbogige Öffnung in der betonten Mitte des mittleren Flügels war früher die Zufahrt zum Gelände. Durch dieses Tor gelangte man mit der Kutsche in den von den Seitenflügeln des streng symmetrischen Dreiflügelbaus flankierten Innenhof der Vorburg und von dort aus weiter in das Gelände. Heute befindet sich eine Glastür in der spitzbogigen Öffnung, Besucher werden durch den Shop im südlichen Seitenflügel in den heute mit einem gläsernen Dach

Die Vorburg von Osten

Die Vorburg von Südwesten

überwölbten Innenhof geführt. Von hier aus gibt es die Gelegenheit, die Ausstellung des Museums für Naturschutzgeschichte im Nordflügel zu besuchen, die sich in dessen Obergeschoss fortsetzt. Vom Obergeschoss aus werden Schloss Drachenburg und die Stiftung Naturschutzgeschichte verwaltet (siehe S. 18).

Die dem über den Kutschenweg zur Drachenburg kommenden Besucher zugewandte Ostfassade der Vorburg ist durch den Mittelrisalit, die im Obergeschoss mit Giebelchen versehenen Kreuzstockfenster, den Kleeblattbogenfries zwischen den Geschossen und weitere Dekorationselemente betont. Die Seiten sind nur geringfügig schlichter (Abb. S. 19). Die Überdachung des Innenhofs mit einem oberhalb der Traufe ansetzenden, stichbogenförmigen Glasdach und die westlich abschließende Glaswand lassen den Elementen der ursprünglichen Gestaltung ihren Raum (Abb. oben). An den Fassaden der Vorburg herrscht strenge Symmetrie.

Stiftung Archiv, Forum und Museum zur Geschichte des Naturschutzes

Der Drachenfels gilt als einer der Ausgangspunkte des Naturschutzes in Deutschland. Über Jahrhunderte waren hier Steine gebrochen worden, unter anderem für die Stiftskirche St. Viktor in Xanten und den Kölner Dom. Dessen Neubau in gotischen Formen war seit dem 16. Jahrhundert zum Erliegen gekommen. Zwischen Chor und Querhaus im Osten und den begonnenen Türmen im Westen lag das alte romanische Langhaus. Als in den 1820er-Jahren die Bautätigkeit nach der Auffindung der Pläne für die Westfassade durch bürgerschaftliches Engagement wieder in Schwung kam, wurden die alten Steinbrüche am Drachenfels reaktiviert. Doch auch hier gab es das Engagement aufmerksamer Bürger, die das Abtragen des Berges und die Beseitigung der Ruine der Burg zu verhindern wussten. Interessanterweise fanden beide Initiativen das Wohlwollen des preußischen Staates, der den Dombau massiv förderte und den Drachenfels kaufte. Die Dombauhütte musste sich andere Materialquellen erschließen.

Als 1996 die Länder Nordrhein-Westfalen und Brandenburg sowie die NRW-Stiftung Naturschutz, Heimat- und Kulturpflege die Stiftung Naturschutzgeschichte gründeten, war auch das Siebengebirge als das älteste Naturschutzgebiet Deutschlands im Visier der Gründer.

So war die Vorburg von Schloss Drachenburg der richtige Ort, als ein Domizil für die Stiftung gesucht wurde und für die Vorburg eine Nutzung. Der Drachenfels, Schloss Drachenburg, das Museum Naturschutzgeschichte und weitere Institutionen wie die Nibelungenhalle führen einander gegenseitig die Besucher zu.

Das Museum für Naturschutzgeschichte

Die Vorburg von Südosten

Das Hauptgebäude

Symmetrie gibt es am Hauptgebäude nur in Details. Ein von der Vorburg aus hinaufsteigender Besucher sieht in starker Untersicht einen recht unausgewogenen Baukörper, an dem keine Spiegelungsachse auszumachen ist. Türme, Türmchen, Erker, steile Dächer, Giebel, Gauben, Treppenanlagen und Terrassen erschweren dem Betrachter des Äußeren das Begreifen der Struktur dieses Bauwerks (Abb. S. 21).

Zwischen der Landschaft und dem Gebäude vermittelt ein weitläufiger, zum Gebäude hin als Terrasse gestalteter Sockel. Von unten gesehen ist dieser Sockel eine grobe, zinnenbekrönte Rustikamauer. Deren durch die Zinnen vorgetäuschte Wehrhaftigkeit wird durch Freitreppen zu einem halbrunden Vorsprung an der Westseite und spitzbogige Portale zur Unterwelt des Schlosses in der West- und der Nordseite ad absurdum geführt. Hier zeigt sich das Schloss als Erfindung der Gründerzeit, die mit den Motiven des Mittelalters spielt.

Schloss Drachenburg von Nordost

Über eine weitere Freitreppe an der Ostseite (Abb. links) erreicht der von der Vorburg kommende Besucher die das ganze Haus umgebende Terrasse und den Portikus vor dem Haupteingang.

Über einem grau verblendeten Hochkeller oder Sockelgeschoss erhebt sich der zweigeschossige Kernbau mit seiner reichen Dachlandschaft. An den Außenwänden der beiden Wohn- und Repräsentationsgeschosse sind die Mauerflächen gelblich verblendet, während Lisenen, Bögen, Ecken, Friese, Konsolen, Säulen und Simse durch rötlichen Stein betont sind. An der Bergseite ragt aus der Mauerflucht als Ziel der im oberen Bereich zweiläufigen Freitreppe zum Haupteingang eine durch den hohen Giebel, das große, fünfbahnige Fenster mit Maßwerkrosette und eine kleine Vorhalle charakterisierte Fassade weit hervor, der im Inneren Vestibül und Treppenhaus zugehören.

Blick von Nordwesten, von der Hangwiese auf die Drachenburg

Eine mit anderen Versatzstücken gestaltete Entsprechung der vorspringenden Fassade gibt es auf der dem Rheintal zuge-wandten Westseite. Die hohen Giebel der beiden Vorsprünge sind in der Dachlandschaft durch einen durchlaufenden First ver-bunden. Auf der Westseite sind der Empfangssaal und darüber der Musiksaal die solchermaßen am Außenbau betonten Räume, die als wichtigste Repräsentationsräume direkt über das Trep-penhaus erschlossen sind.

Die Architekten der Drachenburg

Aus der Bauzeit sind sehr wenige Quellen über den Bau bewahrt geblieben, die meisten der wenigen Nachrichten stammen aus zweiter Hand, nämlich aus Zeitschriften und Zeitungen. Drei Pläne von 1881 aus dem Düsseldorfer Architekturbüro von Bernhard Tüshaus (1846 bis 1909) und seinem Schwager Leo von Abbema (1852–1929) zeigen drei Fassaden der Burg – Osten, Westen (Abb. S. 24) und Süden – und einen Querschnitt durch das Haus in Höhe von Haupttreppenhaus, Empfangs- und Musiksaal. Hier sind sogar Details der wandfesten Gestaltung der Nordwände in diesen Räumen angedeutet. Leider ist das Blatt mit dem Schnitt und der Südfassade als Lichtpause einer Zeichnung weniger gut erhalten als die beiden anderen als Federzeichnungen.

Die Fassadenrisse zeigen Schloss Drachenburg in einem frühen Projektstadium. Noch fehlen die Kunsthalle und der Nordturm. Leider fehlt ein Aufriss der nördlichen Seite, denn hier hat sich gegenüber den frühen Blättern von 1881 am meisten entwickelt.

Die »Architektonische Rundschau« der Herausgeber Ludwig Eisenlohr und Carl Weigle schreibt im sechsten Heft des dritten Jahrgangs 1887: »Bezüglich der innern Ausstattung ergaben sich leider auseinandergehende Auffassungen zwischen Bauherr und Architekten, in deren Folge ein großer Teil dieser Arbeiten dem Architekten Hoffmann in Paris übertragen wurde.«

Über Wilhelm Hoffmann wissen wir recht wenig, nicht einmal die genauen Lebensdaten sind bekannt. Allerdings passen seine Ausbildung in der Kölner Dombauhütte und die spätere Übersiedlung nach Paris zum Bauherrn der Drachenburg, der während seiner Lehrjahre in Köln die Fortschritte bei der Vollendung des Doms beobachtet haben wird und wie der Architekt später in die Metropole an der Seine übersiedelte.

In der »Frankfurter Zeitung« vom 24. September 1884 schreibt Johannes Proelß gar von einer Überarbeitung der Pläne der Düsseldorfer Architekten durch Wilhelm Hoffmann. Das wird sich durchaus auf die Planung des Gebäudes beziehen, sodass Angelika Schyma die nördlich an das von Tüshaus & von Abbema gezeichnete Gebäude anschließende Kunsthalle und den Nordturm ganz dem Pariser Architekten Wilhelm Hoffmann zuweist.

*Architekturbüro Tüshaus & von Abbema 1881, Projekt Drachenburg,
Ansicht von Westen*

Die Leitung der Baustelle in Königswinter lag bei Franz Langenberg
(1842–1895), Spross einer alten niederrheinischen Baumeisterfamilie.
Von ihm stammen auch die Entwürfe der Wand- und Deckenverklei-
dungen, die ihn als Kenner der Möbel des 15. und 16. Jahrhunderts
erweisen.

Nichts wissen wir über den Planer des großartigen Parks, der in
einfühlsamer Weise zwischen der Architektur und der umgebenden
Natur vermittelt.

Der Landschaftspark der Drachenburg

Fachleute benutzen für die weitläufigen Außenanlagen um Schloss Drachenburg den Begriff »zonierter Landschaftsgarten«. Bei diesem im 19. Jahrhundert entwickelten Konzept nimmt die Intensität der gestaltenden Eingriffe vom Wohnhaus ausgehend ab, um den Park in einiger Entfernung von der menschlichen Behausung in Natur übergehen zu lassen.

Zur engeren Umgebung von Schloss Drachenburg zählen die Terrassen, die mit ihren Türmchen und Zinnen, Stützmauern und Treppen an die Architektur des Hauses anschließen und mit ihren Rasenflächen, Beeten und Pflanzen Elemente der Natur an die Wohnstatt der Menschen heranführen. Freilich in sehr artifizieller Form: Die Abgrenzung der Venusterrasse mit einer Reihe kastenförmig geschnittener Linden oder ausgezirkelte Tortenbeete lassen der Natur wenig Raum zur Entfaltung. Die Formen der Architektur werden in dieser Zone von der Natur aufgenommen, so zum Beispiel die spitzkegeligen Dächer der Rundtürmchen durch an das Haus herangerückte Koniferen. Bei der Venusterrasse erinnert die zinnenbekrönte Umfassungsmauer an spätmittelalterliche Darstellungen des Hortus Conclusus.

Die zweite Zone ist der Pleasureground, die an die Ostseite des Schlosses angrenzende fein modellierte Rasenfläche mit anmutigen Gruppen mittlerweile recht hoch gewachsener exotischer Nadelbäume. Einzig die Ulmenallee zwischen Bergtor und Haupteingang verläuft geradlinig, Fußwege und Pfade folgen Bogenlinien und betonen so das Relief der Parklandschaft.

Den Übergang in die Natur bieten die Hangwiese zum Rhein hin und die sich anschließenden Wäldchen mit dem Felsenmeer. Außerhalb der Grundstücksgrenzen sind Bäumchen, die sich einst selbst ausgesät haben, so gewachsen, dass sie die Blickbeziehungen vom Schloss zum Rheintal – und natürlich auch in Gegenrichtung – ziemlich behindern. Eine urwüchsige Attraktion am Westrand des Grundstücks ist das »Felsenmeer« mit seinen sich zu wüsten Formationen türmenden Trachytblöcken.

An der Talseite ist nördlich – links – an den Empfangs- und Musiksaal betonenden Vorsprung der alles überragende Hauptturm mit seiner vorkragenden Bekrönung mit runden Eckwarten und einem steilen Walmdach darüber angeschlossen. Zwischen diesem und dem etwas niedrigeren Nordturm befindet sich ein lang gestreckter, über dem Sockel eingeschossiger Bauteil, dessen Mitte in der Fassade durch einen von Türmchen flankierten Giebel und im Dachbereich durch eine Kuppel akzentuiert ist. Das durchgängige Rot der Verblendung zeigt: Hier gibt es keine Wandflächen, hier ist alles Struktur, Dekor oder Fenster.

Detail des Äußeren im Bereich der Kunsthalle

Blick von Südosten auf den Eingangsbereich der Drachenburg   27

Die Bauskulptur

In alle Richtungen präsentiert Schloss Drachenburg Skulpturen, angefangen bei Kapitellen, Friesen, Maßwerk und Wasserspeiern über Wappen, Devisen und Embleme bis hin zu bedeutungsschweren Reliefs und Figuren, denen Baldachine zu einer gewissen sakralen Weihe verhelfen.

Die ornamentale Bauskulptur ist an Vorbilder des 13. Jahrhunderts angelehnt, gibt sich aber in ihrer präzisen und fleischigen Ausführung ohne Verstellung als historische Dekoration zu erkennen. Die weit aus den Fassaden herausragenden Wasserspeier sind funktionslose Zitate mittelalterlicher Kirchenarchitektur. In alter Tradition kommen sie als geflügelte Monsterwesen daher (Abb. S. 27).

Wappen, Devisen und Embleme konzentrieren sich auf den nördlichen Bereich der Drachenburg. Gleichsam als Emblem der Schlossanlage erwächst der geflügelte Drache aus einer Zinne über dem Portal der Wagenhalle im Terrassensockel der Burg

Balkon am Nordturm in starker Untersicht, innen das Trauzimmer, links das Wappen von Paris, rechts Bonn

Der Drache über dem Portal der Wagenhalle

(Abb. oben). An dem Balkon an der nördlichen Seite des Nordturms präsentieren Löwen die Wappen der Städte Bonn und
Paris (Abb. links): In der einen ist Stephan Sarter geboren, in der
anderen feierte er seine Erfolge.

Über diesem Balkon prangt sein Wappen an der Nordwand des
Nordturms (Abb. S. 30). Das gespaltene Wappen zeigt links den
Drachen, der auch das Motiv der Helmzier ist, und rechts über
Kreuz zwei Kanonenrohre unter einer Krone.

Über einem Kleeblattbogenfries kragt das oberste Geschoss des
Nordturms etwas vor, die Ecken bilden polygonale Eckwarten
aus, die – weiter vorkragend – unterhalb des Frieses durch Säulen auf Konsolen gestützt werden. Diese Säulen stehen frei vor
dem Baukörper. Jeweils in der Mitte der zinnenbekrönten Mau-

Das Wappen Stephan von Sarters am Nordturm

ern zwischen den Eckwarten haben sitzende Figuren ihren Platz in überhöhten Nischen unter Stufengiebeln. An der Nordseite über dem Wappen ist es der Dombaumeister Gerhard von Rile († um 1271), der sitzend sinnend zu seinem Werk, dem Kölner Dom, herüberblickt (Abb. rechts). Zum Zeitpunkt der Grundsteinlegung des gotischen Doms 1248 war Gerhard von Rile Leiter der Bauhütte. Er wird der Urheber der Pläne sein, nach denen noch im 19. Jahrhundert an der Kirche gebaut wurde. Seine Attribute sind eine Tafel mit dem Bauplan und der Meißel in seiner linken Hand.

Die Skulpturen der weiteren drei Seiten zeigen prototypische Helden der Künste des Mittelalters und der frühen Neuzeit. Der Dichter Wolfram von Eschenbach († um 1220) ist als der Autor des Versepos »Parzival« berühmt, Inspirationsquelle für die letzte Oper Richard Wagners »Parsifal«, 1882 in Bayreuth uraufgeführt. Sein Attribut ist die Harfe. Das Bildnis des Bronzegießers Peter

Vischer († 1529) ist durch sein Selbstbildnis am Nürnberger
Sebaldusgrab inspiriert, das ihn in Arbeitskleidung darstellt
(Abb. rechts). Auch für die Figur Albrecht Dürers (1471–1528)
waren seine berühmten Selbstporträts die Grundlage der Darstellung. Der berühmte Maler musste nicht mit weiteren Attribu-
ten versehen werden.

Der Kölner Bildhauer Wilhelm Albermann (1835–1913) schuf
die Skulpturen. Als freischaffender Bildhauer hat er zahlreiche
Brunnen und Kriegerdenkmäler gestaltet. Die »Vier Heroen der
Künste« sind eine Ausnahme in seinem Werk. Angelika Schyma
schreibt ihm auch die Reliefs in Giebeln der Ost- und der Westfassade zu, die mit der »Drachenjungfrau« (Westfassade) und der
»Lorelei« auf die Mythen der Region anspielen (Abb. S. 34).

In diesen Mythen spielt der Drache am Drachenfels eine bedeu-
tende Rolle. Einer der topischen und auch an anderen Orten ver-
breiteten Erzählstränge – beispielsweise die Legende vom heiligen Georg – schildert den Drachen als bedrohliches Untier, dem
zu festen Terminen eine Jungfrau zum Fraß geopfert werden
musste, um das Scheusal von Schlimmerem abzuhalten. Ein Held
muss erscheinen, den Drachen zu töten und die Jungfrau zu ret-
ten. Der Drache, den Siegfried tötete – Fafnir –, war der Wächter
eines Schatzes, des »Rheingolds«. Als Bezwinger des eher harm-
los wirkenden Lindwürmleins zu seinen Füßen ist Siegfried an
der Ostfassade links neben dem Haupteingang dargestellt und
steht hier sicherlich als Beleg für die Zuneigung des Bauherrn für
die Umgebung von Schloss Drachenburg (Abb. S. 35).

Der steinerne Held steht auf einer polygonalen Konsole, und
über ihm ist ein aus architektonischen Motiven gestalteter Baldachin angebracht. Auf dem Baldachin steht eine Säule, die
einen an dieser Stelle unterhalb einer Dachgaube wenig Sinn
machenden Wasserspeier stützt. Konsole und Baldachin sind die
bekannten Motive zur Überhöhung von Heiligenbildern im Kir-
chenraum. Mit dem abgebrochenen rechten Arm hielt Siegfried
sein Schwert hoch empor, eine geläufige Geste des wehrhaften
Patrons.

Wilhelm Albermann zugeschrieben, Relief »Loreley« an einem Giebel der Ostseite

Einen besonderen Stellenwert hat die Südfassade des Schlosses (Abb. S. 2), die zusammen mit der Venusterrasse von einem Aussichtspunkt am Weg zum Drachenfels einen sehr schönen und viel fotografierten Anblick bereit hält. Diese Perspektive bietet eine verwirrende Vielfalt architektonischer Motive. Das beginnt im Garten beim zinnenbekrönten Sockel der Venusterrasse, dem Brunnen mit der von Paul Spinat angeschafften Statue der Calliope, den Sockeln mit den bronzenen Hirschen von Pierre Louis Rouillard (1820 – 1881) und nicht zuletzt den Kastenlinden. Neben den drei dunklen Bögen einer vom Haus aus nur über Umwege erreichbaren Veranda zeigen zwei Ausluchten das Grau der Zinkrautendächer schon im Untergeschoss. Schönste Asymmetrie, besonders wenn man die Vorsprünge der Ostfassade einbezieht. Das Obergeschoss wird durch einen von Standbildern flankierten Erker nobilitiert. Im Bereich der Dächer zeigt dieser Blickwinkel spitze Kegel und steile Pyramiden und darüber wiederum steinerne Vielfalt am Hauptturm, dessen Bekrönung aus steinernen, roten Kegeln und sehr steilen grauen Pyramiden aus Zinkblechrauten besteht.

Peter Fuchs, »Siegfried«

Das zentrale Motiv in diesem Reichtum ist der von Figuren um-
gebene Erker, außen bedeutungsschwanger, innen Teil des
Ehrenfremdenschlafzimmers (Abb. rechts). Die Statuen auf Konsolen und unter Baldachinen zeigen Kaiser: Vor dem Giebel über
dem steinernen Kegeldach des Erkers steht – am Sockel bezeich-
net – Julius Caesar, der erste Kaiser des römischen Imperiums.
Angesichts der Mittelalter-Anmutung seiner Kleidung würde
die Identifizierung ohne die Inschrift wohl kaum gelingen. Links
neben dem Erker steht Karl der Große. Die Gestaltung der Skulp-
tur ist an ein Gemälde von Albrecht Dürer angelehnt. Auf der
Konsole rechts steht Kaiser Wilhelm I., den Zeitgenossen gut zu
erkennen an seinem charakteristischen Backenbart.

Mit seinem Fünfachtel-Grundriss wirkt der Erker wie das Chörlein
einer mittelalterlichen Burg. Unterhalb der Fenster sind zwischen
kauernden Konsolengnomen, die »Strebepfeiler« tragen, Wappen angebracht. Das mittlere zeigt den Reichsadler mit dem
Hohenzollernschild vor der Brust, das rechte den Preußenadler
mit Zepter und Reichsapfel in den Fängen und den Initialen WR
auf der Brust für Wilhelmus Rex. Auf dem gespaltenen Schild
links erscheinen der Reichsadler und die Lilien Frankreichs, beide
Nationen nehmen Karl den Großen als Reichsgründer in An-
spruch. Das 1513 von Albrecht Dürer gemalte Bildnis zeigt die
Lilien und den Adler auf zwei getrennten Schilden.

Diese Kombination der drei Kaiser ist einzigartig, spiegelt aber
Legitimationsgedanken, die beispielsweise im 13. Jahrhundert
zu der Konstruktion des Heiligen Römischen Reichs Deutscher
Nation führten, das seine Legitimation aus dem Imperium Roma-
num ableitete. Das 1871 gegründete Deutsche Reich sah sich
wiederum in der Tradition des 1806 aufgelösten Heiligen Römischen Reichs Deutscher Nation.

Der Kölner Bildhauer Peter Fuchs (1829–1898) hat die Skulpturen
der drei Kaiser und Siegfrieds signiert. Seine Ausbildung hatte
er in der Kölner Dombauhütte absolviert. Er schuf in seinem
Arbeitsleben fast 700 Skulpturen für den Dom. Eine Statue Karls
des Großen von ihm ist Teil der Westfassade des Doms.

DIE INNENRÄUME

Haupteingang, Vestibül und Treppenhaus

Nach einem leichten Anstieg über den Pleasureground wird der im Ursprungszustand rekonstruierte Haupteingang an der Ostseite von Schloss Drachenburg erreicht. Vestibül und Haupttreppenhaus sind in der Fassade durch einen weit vorspringenden Risalit markiert, dem eine breite Freitreppe vorgelagert ist. Ein kleiner überwölbter Vorbau empfängt den Besucher, der über das Vestibül ins Treppenhaus gelangt.

Die großzügige Anlage, Schablonenmalerei auf den Wänden und Architekturgliedern, edle Materialien, großformatige Wandgemälde, das Rippengewölbe und ein bunt verglastes Fenster mit aufwendiger Maßwerkrosette in der Ostwand erzeugen eine vornehme Stimmung. Dabei sehen wir heute nur einen Teil der ursprünglichen Pracht. Von der Wandmalerei ist einiges verloren, anderes restauriert und ergänzt. Das große Fenster allerdings hat die einzige farbige Verglasung im ganzen Haus, die im Ganzen erhalten ist (Abb. S. 40). Der Adler im Zentrum der Rosette ist der Reichsadler mit dem Wappen der Hohenzollern. Die gleiche Abwandlung des offiziellen Reichsadlers gibt es außen an dem Erker in der Südfassade.

Besonders in den unteren Bereichen gibt es unwiederbringliche Verluste bei den Gemälden. An eines erinnert ein zur ursprünglichen Größe des verlorenen Gemäldes von Joseph Flüggen (1842–1906) aufgeblasenes Postkartenfoto mit der Darstellung von Schneewittchen mit den Zwergen. In den Bogenfeldern über den Türen gab es allegorische Darstellungen des Rheins und seiner Nebenflüsse, von denen nicht einmal mehr brauchbare Bildquellen überliefert sind.

Die Flussallegorien standen aber für die Verbundenheit des Bauherrn mit der Region, die in vielen weiteren Details zum Ausdruck kommt. So zeigen die großen Historiengemälde im Haupttrep-

penhaus Begebenheiten aus der deutschen Geschichte, die sich in der rheinischen Heimat Stephan von Sarters zugetragen haben. Der Grundstein für den gotischen Neubau des Kölner Doms ab 1248 wurde in der »Domkaule« am Drachenfels gebrochen. Das breitformatige Gemälde Friedrich von Kellers (1840–1914) links über dem unteren Lauf der Treppe zeigt den Abtransport vom Drachenfels nach Köln im festlichen Zug (Abb. S. 42). Ein noch früheres Ereignis zeigt das hochrechteckige Gemälde dieses Malers an der gleichen Wand rechts daneben. Die Begegnung zwischen dem französischen König Karl III. und dem deutschen Heinrich I. (»Heinrich der Finkler«) fand auf einem Schiff in der Mitte des Rheins in der Nähe von Bonn statt, um diplomatische Probleme bezüglich der Rangordnung zu vermeiden.

Münchner Maler im Rheinland

Schloss Drachenburg sollte mit umfangreichen Wandmalereizyklen ausgestattet werden. Die nächstliegende Adresse waren die Maler im Umkreis der Düsseldorfer Kunstakademie. Reichlich mit Aufträgen eingedeckt, mussten die angefragten Landschafts- und Historienmaler aus Düsseldorf absagen. So kamen Künstler aus dem Umkreis der renommierten Königlichen Akademie der Bildenden Künste in München zum Zuge, die ihre Werke für die Drachenburg vor ihrer Auslieferung ins Rheinland in mehreren Ausstellungen in München präsentierten und dort einiges Aufsehen erregten. Die Besprechungen der Ausstellungen in der Münchner Presse sind voll des Lobes und beziehen auch den Auftraggeber in ihre Hymnen mit ein.

Möglich waren die Ausstellungen mit Wandmalerei fernab ihres Bestimmungsorts durch die Technik der Marouflage. Die Maler haben in München auf Leinwände gemalt, deren Zuschnitt durch die Maße am Bestimmungsort determiniert war. Für die Logistik des Verfahrens war wohl der in der zweiten Planungsphase maßgebliche Architekt Wilhelm Hoffmann zuständig. Die Leinwandgemälde waren so lange beweglich und so in Ausstellungen präsentierbar, bis sie im Rheinland fest mit den Wand- oder Gewölbeflächen verbunden wurden, für die sie bestimmt waren. So erlangte das Bauprojekt in Königswinter auch in der süddeutschen Metropole eine gewisse Aufmerksamkeit.

Fenster in der Ostwand des Haupttreppenhauses

Nordwand im Haupttreppenhaus mit Gemälden von Friedrich von Keller

An der gegenüberliegenden Wand am oberen Lauf der Treppe gibt es in Höhe des Podests das Gemälde »Sängerkrieg auf der Insel Nonnenwerth 1338 vor dem englischen König Eduard III.« von Heinrich Heim (1850–1921). Die Schauplätze der genannten Episoden befinden sich in Sichtweite der Drachenburg. Heinrich Heim malte auch die nächste Szene, die durch die Chorflanken-türme von St. Gereon in Köln verortet wird (Abb. S. 43). Ein Köl-ner Patrizier soll 1201 eine englische Fürstentochter geheiratet haben. Die Turnierszene an der Wand gegenüber der Maßwerk-rosette malte Carl Rickelt (1857–1919) (Abb. S. 44). Anlässlich der Versammlung des Reichstags 1505 in Köln wurde »Der letzte Rit-ter« Kaiser Maximilian I. (1459–1519) mit einem Turnier geehrt. Der Kölner Neumarkt als Ort der Stechbahn ist deutlich zu erken-nen an der Chorpartie von St. Aposteln.

Südwand im Haupttreppenhaus mit Gemälden von Heinrich Heim

In den Bogenfeldern oberhalb der Historiengemälde befinden sich die Idealbildnisse thronender deutscher Könige und Kaiser von Heinrich Flüggen. Die Kriterien der Auswahl aus der langen Reihe der Monarchen des Heiligen Römischen Reichs deutscher Nation erschließen sich nicht immer, auf jeden Fall zeigen sie im Verein mit der auf das Haus Hohenzollern hin abgewandelten Version des Wappens des zweiten deutschen Reichs die staatstreue Gesinnung des Hausherrn.

Die Inszenierung des Eintretens ist gerichtet auf die dem Eingangsportal bzw. im Obergeschoss (Ebene 5) dem Fenster gegenüberliegende Wand. Im unteren Repräsentationsgeschoss (Ebene 4) läuft der Besucher geradewegs auf die Tür zum Empfangssaal zu, von dem aus sich weitere Repräsentationsräume

Carl Rickelt, Turnier auf dem Kölner Neumarkt

erschließen. Es gibt aber auch Nebenrichtungen. Der rechts ab-
biegende Besucher gelangt in ein enges, schmales Nebentrep-
penhaus, über das der Hauptturm erschlossen ist. Links herum
geht es in das Jagd- und Frühstückszimmer, einen kleinen Raum
mit einem dreijochigen Kreuzrippengewölbe (Abb. rechts). Dies
Zimmer war als Sammlungsort für frühmorgens aufbrechende
Jagdgesellschaften vorgesehen. Die Türfüllungen der historisti-
schen Anrichte in heller Eiche zeigen Fabelwesen und Bandwerk,
Motive wie sie die deutschen Kleinmeister zur Inspiration der
Kunsthandwerker des 16. Jahrhundert in hohen Auflagen unters
Volk brachten, die aber auch im 19. Jahrhundert wieder gern re-
zipiert wurden. Die Möbel, der Lüster und auch die Geweihe sind
wie die meisten mobilen Ausstattungsstücke seit den 1990er-
Jahren aus dem Handel erworben worden.

Dagegen ist die das untere Drittel der Wandflächen einneh-
mende Vertäfelung weitgehend in Ursprungszustand erhalten.
Die ornamentale Dekoration mit Schablonenmalerei ist nach

Empfangssaal

Befunden rekonstruiert. Als »Zeugen« für die Befundlage finden sich an vielen Stellen in der Drachenburg »Fenster« mit der meist unter vielen Lagen späterer Anstriche in sorgfältiger Kleinarbeit freigelegten originalen Wanddekoration. Dem aufmerksamen Betrachter werden diese Dokumente des Urzustands nicht verborgen bleiben.

Empfangssaal

Aus dem Haupttreppenhaus wird der Besucher in den Empfangssaal geführt (Abb. links). Dieser Raum ist nicht nur durch seine Größe geeignet, den Eintretenden zu beeindrucken. Oberhalb des in einer Rahmenkonstruktion mit Faltwerkfüllungen vertäfelten Sockels ist die Wand in einem satt bordeauxroten Rapport mit Granatapfelmotiven dekoriert, das »Gebälk« unter der Decke und schmale Rahmen kontrastieren in Grüntönen. Wahrhaft üppig und höchst detailreich ist die hölzerne Kassettendecke darüber, deren Mahagoni-Ton mit den Wänden harmoniert. Die Entwürfe steuerte der Bauleiter Franz Langenberg (1842–1895) bei. Breite Rahmen und sehr tief angebrachte Füllungen kennzeichnen die Deckenkonstruktion, die durch weit hinunter in den Raum ragende Abhänglinge in ihrer starken Plastizität betont wird. Die von der Decke herabhängenden Kronleuchter sind Rekonstruktionen nach alten Fotos dieses Raums.

Die Büste des antiken griechischen Gottes der Künste Apoll gehörte zur ursprünglichen Ausstattung des Raums und konnte glücklicherweise zurück erworben werden. Ihre prominente Platzierung im Empfangssaal ist durch alte Fotos belegt und sollte wohl die Selbstdarstellung des Bauherrn und Besitzers als Förderer der Kultur unterfüttern. An den Wänden hängen heute vier Gemälde des Düsseldorfer Malers Christian Eduard Boettcher (1818–1889) mit Landschaften aus dem Mittelrheintal.

Der Empfangssaal wird seinem Namen gerecht und erschließt dem Besucher zur einen Seite einen prunkvollen Saal für feierliche Bankette, zur anderen Seite eine Folge von Räumen unterschiedlichen Zuschnitts, die für die verschiedenen Bedürfnisse der Gäste einer großen Gesellschaft bereit stehen. Auch zwei Balkone können vom Empfangssaal aus betreten werden, deren einer über eine geschwungene Treppe mit der Westterrasse verbunden ist.

Speisezimmer

Speisezimmer

Was die wuchtige Opulenz der Ausstattung betrifft, wird der Empfangssaal durch das Speisezimmer noch übertroffen (Abb. oben). Die hölzerne Decke zeichnet sich durch eine tiefe Reliefstruktur aus, zudem sind Balken und Füllungen mit detailreichen Schnitzereien versehen. Die Wandvertäfelung erreicht hier fast die Hälfte der Raumhöhe und ist als Rahmen mit Füllungen konstruiert. Die Senkrechten sind durch Säulen auf hohen Postamenten betont, die Knäufe darüber reichen über das breite Abschlussgesims. Die meisten Hölzer sind mit Schnitzerei dekoriert, die Füllungen der oberen Abfolge zeigen, wie das aus dem späten Mittelalter stammende Motiv der Faltwerkfüllung noch gesteigert werden kann.

Speisezimmer, Ostwand

Als Teil der Wandverkleidung ist das überaus reich verzierte und edel gearbeitete Buffet in der Mitte der Ostwand erhalten und in seinen Maßen aus dieser entwickelt (Abb. oben). Interessant ist hier der Wechsel von offenen und verschlossenen Fächern – in den offenen ist Raum, edles Kunstgewerbe aus der zweiten Hälfte des 19. Jahrhunderts zu präsentieren. Als verleimte Platten sind die Türen der verschlossenen Fächer im 19. Jahrhundert nicht auf dem Stand der Technik. So aber bieten sie dem Kunstschmied die Flächen, aus Scharnierbändern reichste Ornamentik zu entwickeln. Auch der aus kontrastierendem rotem und grünem Stein errichtete Kamin ist Teil der Erstausstattung. In der von Beginn an mit einer Zentralheizung ausgestatteten Villa war er immer eine Attrappe. Die Entwürfe stammen von Franz Langenberg, die Ausführung der Holzarbeiten lieferte die Firma Rümann in Hannover.

Zwischen den hölzernen Verkleidungen von Decke und Wand bietet Wandmalerei mit Jagdmotiven ein idealisiertes Panorama der Umgebung am Drachenfels. Der Münchner Ferdinand Wagner (1847–1927) setzte die Jagd in Szene. Von seinen Gemälden ist aber nur die Fläche an der Ostwand rechts neben der Anrichte im Original erhalten. Die anderen Bereiche sind mehr oder weniger getreue Rekonstruktionen seiner Malereien, leider auch die Hirschjagd mit Drachenfels und Drachenburg im Hintergrund links neben der Anrichte.

Erkennbare Orte in den Wandgemälden

Das in den nördlichen Partien – im Bereich der Kunsthalle und des Nordturms – von seiner realen Erscheinung deutlich abweichende Bildnis der Drachenburg in dem Gemälde an der Ostwand des Speisesaals ist leider nur eine Rekonstruktion des Gemäldes von Ferdinand Wagner. Wäre diese Darstellung von Schloss Drachenburg authentisch, böte sie eventuell Argumente für die Baugeschichte, konkret für den Wechsel von dem Düsseldorfer Büro Tüshaus & von Abbema zu dem in Paris arbeitenden Architekten Wilhelm Hoffmann.

An anderen Stellen sind die Bezüge zu konkreten Orten erstens deutlich und zum zweiten auch in ihrer im späten 19. Jahrhundert intendierten Form erhalten. Die Stadt Köln ist als Schauplatz durch die Chorflankentürme von St. Gereon und die Chorpartie von St. Aposteln am Neumarkt deutlich kenntlich gemacht. Die Wandgemälde mit ihrer Darstellung befinden sich im Haupttreppenhaus. Auch der Wormser Dom im Zusammenhang der Siegfried-Sage – dargestellt im Nibelungenzimmer – ist anhand der charakteristischen Westtürme eindeutig zu identifizieren.

Offenbar hatten die Münchner Maler den Auftrag, die Erkennbarkeit einiger Orte durch markante Details sicherzustellen. Doch bleiben die Bezüge bei den Einzelheiten. Die Umgebung des südlichen Portals des Wormser Doms hat mit der im Bild dargestellten Freitreppe wenig gemein, der Neumarkt in Köln bleibt vage und ein Kirchenportal mit dieser Perspektive auf St. Gereon gibt es nicht Köln.

Frank Kirchbach, Streit zwischen Kriemhild und Brunhild am Wormser Dom

Nibelungenzimmer

Der nördlich an den Empfangssaal anschließende kleine Raum wird nach seinen Wandgemälden Nibelungenzimmer genannt. Der Münchner Maler Frank Kirchbach (1859–1912) musste sich mit schwierigen Formaten auseinandersetzen: Drei der vier in Spitzbögen auslaufenden Wände sind nur die verbliebenen Randstreifen um die spitzbogigen Öffnungen um ein Fenster und zwei Türen. Der Maler versteht diese Einschränkung für steile Kompositionen zu nutzen, mit denen er die Dramatik steigert. Selbst auf der vollen Fläche der vierten Wand bietet das Motiv der Treppe die Gelegenheit, die streitenden Frauen Kriemhild und Brunhild auf den Stufen des Wormser Doms in dramatischer Untersicht darzustellen (Abb. oben). Zu

Frank Kirchbach, Der Mord an Siegfried und die Auffindung seines Leichnams

seiner schändlichen Mordtat schleicht Hagen von Tronje hinter-
rücks von einem Hügel an den im Vordergrund an der Quelle
liegenden Siegfried heran. Auf der anderen Seite der Tür zum
Empfangssaal findet Kriemhild den Leichnam Siegfrieds am Fuß
einer Treppe (Abb. oben). Auf dem Weg zur Burg des Markgrafen
Rüdiger von Bechelaren gilt es für die Reisegesellschaft bergan
zu ziehen, die Burg befindet sich über dem Fenster. Auf der
Wand um die nördliche Tür ist die Rache das Motiv: Kriemhild
enthauptet den gefangenen Hagen, sie selbst wird dafür von
Hildebrand am Fuß einer Treppe getötet, von welcher weiter
oben die an Etzels Hof hingemetzelten Burgunder hinabstürzen.

Die Szene mit den streitenden Frauen hat Frank Kirchbach unten
links signiert. Sein Namenszug ist nicht mehr vollständig, das Ge-

mälde war schwer beschädigt und musste zum Teil rekonstruiert werden. Vollständig neu gemalt sind die Zweiergruppen von Personen aus der Nibelungensage in den Türen, deren Namen in altertümelnden Formen in der Vertäfelung darunter angegeben sind. Diese hat der Maler Peter Tutzauer 1972 signiert und datiert: »Tutz 72«. Und tatsächlich gibt sich Giselher mit seinen Koteletten als Kind der 1970er-Jahre zu erkennen (Abb. S. 52).

Das dreibahnige Fenster in der Westseite war bis zu seiner Zerstörung farbig verglast. Die rankenden Rosen und den Kampf zwischen den Adlern und dem domestizierten Falken hatte ebenfalls Frank Kirchbach entworfen. Seine Skizzen sind im Archiv der Franz Mayer'schen Hofkunstanstalt in München erhalten und dienten als Grundlage für die schemenhafte Darstellung in dem heutigen Fenster. Als Anspielung auf Kriemhilds Traum, in dem zwei Adler ihren Jagdfalken töteten, war die Glasmalerei Teil des ikonografischen Programms im Nibelungenzimmer.

Kunsthalle

Aus dem Nibelungenzimmer geht es nördlich über einen kleinen, durch sein Gewölbe aber nichtsdestoweniger vornehm wirkenden Raum in die Kunsthalle, einen lang gestreckten Raum mit kassettierten Tonnengewölben von spitzbogigem Querschnitt (Abb. rechts). Die Mitte zwischen jeweils drei Jochen ist mit einem Sterngewölbe überhöht und durch breite, hohe Maßwerkfenster nach Osten und Westen betont. Die Westseite des Raums ist vollständig in Fenster aufgelöst, an der Ostseite nur der nördliche Bereich.

Zwei Bahnen in einem der Fenster der Westseite zeigen, wie der helle, lichtdurchflutete Raum hatte wirken sollen. Für alle Fenster war farbige Verglasung mit Glasmalerei vorgesehen, die von der Mayer'schen Hofkunstanstalt nach Entwürfen von dem Architekten Wilhelm Hofmann ausgeführt wurden.

Das ikonografische Programm brachte eine Zusammenstellung berühmter Persönlichkeiten aus Kunst, Kultur und Geschichte und stellte so einmal mehr die universelle Bildung des Hausherrn zur Schau. Erschien die Drachenburg als das »Neuschwanstein des Rheinlands«, galt die Kunsthalle den Zeitgenossen als »Walhalla des Rheinlands«. Säuberlich sortiert nach Sparten waren Entdecker, Politiker, Musiker, Dichter, Maler, Bildhauer und Baumeister, Königinnen und Kaiserinnen sowie Erfinder und Industrielle in Ganzfigur oder als Büste in Medaillons dargestellt.

Die Glasmalereien sind im Zweiten Weltkrieg zerstört worden. 2003 allerdings gelang es, ein Medaillon mit der Büste des Dichters Ludwig Uhland zu erwerben, das als erhaltenes Fragment aus dem großen Zyklus identifiziert werden konnte (Abb. links). Nach den im Archiv der Mayer'schen Hofkunstanstalt erhaltenen Entwürfen rekonstruierte das bis heute florierende Glasmalerei-Atelier das Fenster um das Medaillon. Außer dem Medaillon mit dem Bildnis Uhlands gibt es ein weiteres mit dem Porträt Heinrich Heines. Den Dichtern zugeordnet sind die Wappen ihrer Geburtsorte: Düsseldorf für Heine und Tübingen für Uhland. Im unteren Bereich steht je ein Gedicht der beiden zu lesen. Die »Ernst und Anna Reimann und Eduard und Ursula Reimann Stiftung« übernahm die vollständige Rekonstruktion des Schillerfensters rechts daneben.

Doch es bedarf immer noch einiger Imagination, sich den hohen Raum vollständig im farbigen Licht des ursprünglichen Glasmalereizyklus vorzustellen. Zusammen mit den Gewölben wird das Licht eine sakrale Anmutung erzeugt haben. In der Zeit der vom Orden der Schulbrüder betriebenen Heimschule St. Michael (1930–1940) war die Kunsthalle als Kapelle eingerichtet, das angrenzende Trinkstübchen als die zugehörige Sakristei.

Zwei rekonstruierte Fensterbahnen in der Kunsthalle
mit dem erhaltenen Porträt Ludwig Uhlands

Kneipzimmer

Im Trinkstübchen oder Kneipzimmer geht es um Wein, Weib und Gesang, wie die Gemälde von Hermann Schneider (1847–1918) mit bacchantischen Szenerien deutlich machen (Abb. rechts). Zur Zeit der Nutzung des Raums als Sakristei in den 1930er-Jahren waren die unbekleideten Männer, Frauen und Kinder natürlich übermalt. Erst in den 1970er-Jahren ließ der damalige Besitzer Paul Spinat die Gemälde in den Gewölben freilegen und die auf den Wandflächen nach alten Fotos rekonstruieren (Abb. S. 60/61).

Die klassischen Themen – Bacchus, Ariadne, Nymphen und anderes mehr – liefern den Vorwand, Männerfantasien zu bedienen. Das kleine Kabinett bietet die Möglichkeit, sich aus der großen Kunsthalle zurückzuziehen, vielleicht um bei dem einen oder anderen Glas Wein angeregte Männergespräche zu führen.

Der Raum im Untergeschoss des Nordturms öffnet sich nach Westen in einen Erker, dessen Fenster Ausblicke auf den Rhein ermöglichen. Der durch die nördliche Tür zu betretende Balkon bietet bei entsprechendem Wetter am Horizont die markante Silhouette des Kölner Doms. Die östliche Tür führt in einen Treppenturm, der zu dem eine Etage höher gelegenen Trauzimmer führt, zusammen mit der Gastronomie in der Vorburg die Voraussetzung für stimmungsvolle Hochzeiten in prächtigem Ambiente.

Über moderne Stahltreppen ist der Nordturm bis zu zwei Aussichtsebenen erschlossen, die das komplette Panorama bieten: Köln im Norden, Bonn und Bad Godesberg im Nordwesten, die Eifel im Westen, südlich Rolandseck, die Insel Nonnenwerth, der Drachenfels, im Osten das Siebengebirge, nordöstlich der Petersberg.

Kneipzimmer, Blick nach Westen

Hermann Schneider, Gemälde im Gewölbe des Kneipzimmers

Billardzimmer

Ein aus der Kunsthalle zu betretender größerer Raum ist geprägt durch den großen Billardtisch in der Mitte, der wie alle nicht wandfesten Ausstattungsstücke in den letzten Jahren angekauft worden ist (Abb. links). Er wurde in den 1920er-Jahren in Frankreich hergestellt.

Der Queueschrank, der Gewehrschrank und die Kaminattrappe sind wandfest und wurden wie die Wand- und Deckenverkleidung von der Kölner Firma Pallenberg hergestellt, vermutlich nach Plänen von Franz Langenberg. Bemerkenswert sind die eingelegten Flächen in buntem Marmor. Die Formen sind streng und orientieren sich an der Ornamentik der Spätrenaissance. Zu beachten sind auch die überaus breiten, auf Gehrung gefügten Profile um die achteckigen Füllungen der Decke. Der Entwerfer hat es dem Tischler nicht leicht gemacht.

Aus dem Billardzimmer geht es hinaus auf die Tanzterrasse, eine große Fläche, von der aus eine Freitreppe hinab zu der das ganze Schloss umgebenden Terrasse führt. Bei Festen in warmen Sommernächten war und ist die aus den Repräsentationsräumen bequem zu erreichende Freifläche zum Tanzen sicherlich sehr geeignet.

Bibliothek

Stilistisch bilden das Billardzimmer und die unmittelbar anschließende Bibliothek eine Einheit (Abb. S. 65). Auch der mächtige Bücherschrank reproduziert den strengen, an Motive der deutschen Spätrenaissance angelehnten »altdeutschen« Stil (Abb. S. 83).

An der Wand gegenüber dem Bücherschrank hängt eine Ölskizze von Friedrich von Keller, die dieser in Vorbereitung seines Wandgemäldes »Überführung des Grundsteins des Kölner

Friedrich von Keller, Ölskizze zu einem Gemälde im Haupttreppenhaus

Doms« im Haupttreppenhaus 1884 gemalt hatte (Abb. oben). Die Bücher im Schrank sind in ihrer Gesamtheit eine mögliche repräsentative Bibliothek der Gründerzeit und stammen aus Antiquariaten. Die 40 Bände des Rheinischen Antiquarius sind allerdings mit dem Stempel der Verwaltung von Schloss Drachenburg gezeichnet und somit an ihren alten Ort zurückgekehrt.

Queue-, Gewehr- und Bücherschrank wirken wie die Accessoires des Herrn von Stand, die dieser erwartungsgemäß vorführt, aber nicht wirklich braucht. Deutlich wird das an der Planung eines weiteren Arbeitszimmers im Privatappartement Stephan von Sarters an der gleichen Position im Grundriss eine Etage höher. Hätte er sein Schloss jemals bewohnt, hätte sich sicherlich hier die Literatur befunden, die er als Autor und Herausgeber bei seiner Arbeit benötigt hat.

Musiksaal

Über das Haupttreppenhaus wird ohne Umwege der Musiksaal erreicht, im Grundriss an der gleichen Position wie der Empfangssaal, aber etwas kleiner: Die Auslucht unten ist oben ein Balkon, dessen Mosaikfußboden angelehnt an romanische Vorbilder ornamentale Drachenmotive zeigt (Abb. S. 68). Der feierlich überwölbte Saal hat über dem Eingang eine Empore, an der das schon am Nordturm gesehene Wappen Stephan von Sarters angebracht ist. Wie der Prospekt der Orgel auf der Empore ist sie von dem letzten privaten Besitzer Paul Spinat hinzugefügt worden (Abb. rechts).

Die aufwendige Wandvertäfelung hat ihr Entwerfer Franz Langenberg Vorbildern der Zeit um 1500 nachempfunden. Lieferant war die Bonner Firma J. Vershoven Nachfahren. Ein aufwendig dekoriertes Netzgewölbe überspannt den Raum. Der außergewöhnlich geformte Glockenflügel ist der, den Jacob Hubert Biesenbach 1909 von der Herstellerfirma Rud. Ibach Sohn erworben hatte. Nachdem das Instrument 1931 von den Schulbrüdern veräußert worden war, konnte es erst 2001 mit Unterstützung des Vereins der Freunde und Förderer von Schloss Drachenburg zurückgekauft werden.

Tapetentüren

In den meisten Räumen von Schloss Drachenburg fallen bei näherem Hinsehen verborgene Türen auf, die unauffällig in die Wandgestaltung integriert sind. Hier fand das Dienstpersonal Gelegenheiten, hinein und heraus huschend seiner Arbeit in engen Nebentreppenhäusern und Aufwartezimmern nachzugehen. Ein solches liegt im Winkel zwischen Speisesaal und Jagdzimmer. Eine Wendeltreppe führt von hier in den Flur des Ehrenfremdenappartements.

Die große Bewegungsfläche für das Personal war aber das Sockelgeschoss mit der zentralen Küche und allerlei Wirtschaftsräumen. Auch die Vorburg gehörte den dienstbaren Geistern. Bis zur Sanierung gab es dort keine sanitären Anlagen und keine Zentralheizung.

Balkon am Musiksaal, Fußbodenmosaik

Im Obergeschoss ist der Musiksaal der einzige Raum, der sich an ein Festpublikum wendet. Alle anderen Räume haben eher privaten Charakter als Wohnung des Besitzers und auserlesener Gäste, die über Nacht verweilten. Von der alten Ausstattung ist nichts erhalten geblieben. Als Grundlage für den Ankauf historistischer Möbel und die Rekonstruktion von Tapeten und Vorhängen standen historische Fotos zur Verfügung. In einem Fall konnten die hinter einer Fußleiste gefundenen Tapetenreste wertvolle Hinweise über den Charakter und den Rapport der verlorenen Wandbespannung geben.

Privatappartement

Das Privatappartement bietet ein geräumiges Schlafzimmer mit einem großen nach Osten weisenden Fenster und einem die ganze Breite des Zimmers einnehmenden Balkon an der Nordseite oberhalb der Tanzterrasse. Zwischen dem Schlafzimmer und dem privaten Arbeitszimmer befindet sich ein kleines Ankleidezimmer. Das private Arbeitszimmer ist heute leider durch den Aufzug in Beschlag genommen, der Preis des barrierefreien Zugangs. Die Existenz des privaten Arbeitszimmers belegt den repräsentativen Charakter der Bibliothek eine Etage tiefer.

Das Gemälde in dem kleinen Flur befand sich ursprünglich im Schlafzimmer des Hausherrn (Abb. S. 70). Es wurde von einem

Privatschlafzimmer

Frühstückszimmer

späteren Besitzer verkauft. Die Vorlage des von Carl Meinelt (1825–1900) gemalten Porzellanbilds ist ein Gemälde von Peter Paul Rubens aus dem Jahr 1618, das sich in der Alten Pinakothek in München befindet. Thema ist der Raub der Töchter des Leukippos durch Castor und Pollux. 2002 erfolgte der Rückkauf des Gemäldes aus Privatbesitz.

Über einen kleinen Nebenraum mit einem Waschtisch aus der Kölner Firma Pallenberg, die auch zur wandfesten Ausstattung in den Repräsentationsräumen beigetragen hat, wird das Frühstückszimmer erreicht (Abb. oben). Die Ölskizze an der Wand zeigt die Ostwand im Speisesaal und ist eine Leihgabe aus dem Siebengebirgsmuseum Königswinter.

Carl Meinelt, Der Raub der Töchter des Leukippos,
Gemälde auf Porzellan nach Rubens

Ehrenfremdenappartement

Nach Westen und Süden blicken die Haupträume des Ehrenfremdenappartements: den Gästen wird die spektakulärste Aussicht auf das Tal des Rheins geboten. Das Wohnzimmer ist mit Möbeln des späten 19. Jahrhunderts eingerichtet. Über einer rot bezogenen Polsterbank hängt eine Ölskizze von Frank Kirchbach, die das Nibelungenzimmer mit seinem Wandgemälde des Streits zwischen Brunhild und Kriemhild vor dem Wormser Dom zeigt (Abb. S. 74).

Die helle Wandbespannung und die weißen Möbel mag man spontan nicht mit der Epoche des Historismus in Verbindung bringen. Es gibt aber Bildquellen aus der Zeit um 1900, die genau diesen Zustand belegen. Die Aussicht vom Toilettenerker ist erlesen (Abb. S. 75).

Ehrenfremdenschlafzimmer

Ehrenfremdenwohnzimmer

Frank Kirchbach, Entwurfsskizze zum Nibelungenzimmer, um 1883,
Öl auf Leinwand

Toilettenerker am Ehrenfremdenschlafzimmer

Fenster der Kunsthalle, Postkarte von 1903

DIE GESCHICHTE
DER DRACHENBURG

Als Stephan von Sarter 1902 in Paris gestorben war, hinterließ der kinderlose Junggeselle sein Vermögen seinen Verwandten im Rheinland. Unter diesen bestand überwiegend wenig Interesse an Schloss Drachenburg. Einzig der Sohn von Stephan von Sarters Schwester, der Bonner Jurist Dr. Jacob Hubert Biesenbach, verspürte eine Neigung, Schlossherr zu werden. Er zahlte seinen Miterben 390.000 Mark, um alleiniger Besitzer des Anwesens zu werden. Sein Ziel war es, Schloss Drachenburg zu einer touristischen Attraktion auszubauen. Im Park ließ er »Nordische Sommerhäuser« für die Feriengäste erbauen. Die zu seiner Zeit aufgelegten Bilderserien und Postkarten waren wichtige Bildquellen in der Zeit der Sanierung und Wiederherstellung (Abb. links und S. 78). Der Musiksaal wurde für öffentliche Konzerte genutzt. Doch die Einnahmen reichten nicht aus, die beträchtlichen Kosten zu decken.

1910 verkaufte Biesenbach das Schloss an Rittmeister a.D. Egbert von Simon, der den wirtschaftlichen Aspekt wesentlich entschlossener anpackte. Kunstausstellungen, eine Freilichtbühne, ein Sängerwettstreit und anderes mehr waren seine Ideen, um den geschäftlichen Erfolg herbeizuführen. Im Ersten Weltkrieg zwangsverpflichtet fiel Egbert von Simon 1915 in einer Schlacht bei Arras.

Der unter anderem durch Rüstungsgeschäfte reich gewordene Kaufmann Hermann Flohr kaufte nach und nach bei verschiedenen Versteigerungen das gesamte Anwesen. Die Drachenburg bewohnte er zum Teil, andere Teile und die Sommerhäuser stellte er kostenlos für die Einrichtung eines Frauengenesungsheims zur Verfügung. 1930 verkaufte Flohr die Drachenburg unter Vorspiegelung falscher Tatsachen und mit Hilfe von nicht eingehaltenen Versprechungen an den Orden der christlichen Schulbrüder, die hier die Heimschule St. Michael einrichteten. Zu diesem Zweck war ein großer Teil der beweglichen Ausstat-

Wandmalerei auf der Westwand des Nibelungenzimmers und Vogelschau von Südosten, Farblithografie, um 1905

tung eher hinderlich und wurde bei Lempertz in Köln versteigert. Die Kunsthalle wurde Kapelle, das Trinkstübchen Sakristei.

Die katholische Schule bekam zunehmend Schwierigkeiten mit den Nationalsozialisten, sodass die Schulbrüder 1940 froh waren, das Schloss an die Deutsche Arbeitsfront verkauft zu haben, die hier eine Adolf-Hitler-Schule einrichtete. Die gravierendsten Veränderungen dieser Zeit im Zweiten Weltkrieg waren der Umbau des Haupteingangs, militärische Bauten im Landschaftspark und schließlich der Beschuss mit Granaten, durch die die Kuppel der Kunsthalle und fast alle Glasmalereien zerstört wurden.

Nach dem Krieg war das Land Nordrhein-Westfalen Besitzer der Drachenburg, die zunächst an die Reichs- und später Bundes-

Der Orgelprospekt im Musiksaal

bahndirektion Wuppertal als Schulungszentrum vermietet
wurde, bis diese 1959 ein Domizil im Wuppertaler Bezirk fand.
Schloss Drachenburg stand leer und verfiel. Parties wurden hier
gefeiert, erreichbare Wandgemälde zerschnitten, das Parkett ver-
heizt und mancher Joint geraucht, während die Liegenschafts-
verwaltung des Landes den Abriss plante.

Doch schon 1963 gründete sich in Königswinter die »Interessen-
gemeinschaft zum Erhalt der Drachenburg«, die immerhin in
zäher Arbeit erwirkte, dass das Schloss von Seiten des Landes
Nordrhein-Westfalen als erhaltungswürdig eingestuft wurde.

Eine Wende zum Positiven brachte 1971 der Kauf der verfallen-
den Burg durch den Bad Godesberger Textilunternehmer Paul

Spinat. Er wollte das Schloss als Schloss, er bewohnte es und füllte es mit Leben. Enthusiasmus, Energie, Fantasie und auch viel Geld brachte er auf für die Drachenburg. Seinem Engagement ist letztlich die Möglichkeit zu einer nachhaltigen Sanierung ab 1989 zu verdanken, die unter der Regie der Nordrhein-Westfalen-Stiftung bis 2010 andauerte.

Auch nach dem erfolgreichen Abschluss der Sanierung 2010 sind Spuren der »Ära Spinat« erhalten geblieben. Sein »Hofmaler« Peter Tutzauer sorgte für Ergänzungen an beschädigten Wandgemälden und schuf einige neu. In den Türgewänden des Nibelungenzimmers hat er seine Werke signiert. Die Orgelattrappe im Musiksaal wird ein Denkmal des umtriebigen Schlossbesitzers bleiben (Abb. S. 79).

Paul Spinat starb 1989 hoch verschuldet, und das Land Nordrhein-Westfalen machte im letzten Moment von seinem Vorkaufsrecht Gebrauch. Damit begann eine lange Phase der Konsolidierung. Untersuchungen der Substanz, Gutachten über die notwendigen Maßnahmen zur Erhaltung und daran anschließend Überlegungen über die Nutzbarkeit im Interesse der Öffentlichkeit füllen reichlich Aktenordner in diversen Dienststuben. Der Prozess der Sanierung dauerte 20 Jahre, in denen der Kontakt mit der Öffentlichkeit nicht gescheut wurde. Das Ergebnis kann sich sehen lassen.

Heute ist die Nordrhein-Westfalen-Stiftung Besitzerin der Drachenburg. Das Schloss hat somit eine gesicherte Zukunft.

DAS DENKMAL
SCHLOSS DRACHENBURG

M it Schloss Drachenburg hat Stephan von Sarter seiner rheinischen Heimat ein Denkmal seiner patriotischen Gesinnung geschenkt. Kaiserstatuen (Abb. S. 37 und 81) und Reichsadler der Hohenzollern'schen Variante bezeugen die Staatstreue dessen, der diese Symbole plakativ an seinem Schloss anbringen ließ. Nationalstolz klingt auch bei den Wandgemälden im Inneren an, etwa bei den thronenden Kaisern im Treppenhaus.

Doch auch die engere Umgebung des Drachenfels spielt bei der Ausstattung der Burg mit Bildern eine wesentliche Rolle. Die Wandmalereien im Speisesaal sind mit ihren Jagdszenen eng auf den Drachenfels bezogen. Auch die Auswahl der Themen im Haupttreppenhaus scheint deutliche Bezüge zu der rheinischen Heimat des Bauherrn aufzuweisen. Mit dem »Sängerstreit auf der Insel Nonnenwerth«, dem »Transport des Grundsteins zum Kölner Dom« und anderem sind Begebenheiten angesprochen, die von der Drachenburg aus zu sehen gewesen wären, hätte es sie schon gegeben. Auf den Kölner Dom am Horizont sind die Fluchten des Gebäudes ausgerichtet, Kölner Kirchen sind identifizierbare Staffage in den Wandgemälden.

Durch die Lokalisierung des Drachenkampfs aus der Nibelungensage wird diese zum Thema für die Ikonografie des Hauses mit dem »Drachentöter« am Haupteingang und den Wandgemälden eines Raums. Die »Drachenjungfrau« an einem Giebel der Westfassade allerdings entstammt einem anderen, eher lokalen Kontext der Erzählungen über feuerspeiende Lindwürmer.

Besonders die verlorenen Glasmalereien der Kunsthalle betonten die universelle Bildung des Hausherrn, die ihren Ausdruck in der demonstrativen Verehrung der allgemein anerkannten und in den Kanon der Kulturgeschichte aufgenommenen Persönlich-

*Blick aus dem Ehrenfremdenwohnzimmer über den Musiksaal und das
Frühstückszimmer auf das Lavabo in einem Nebenraum des Privatappartements*

Scheinkamin im Billardzimmer

keiten fand. Über die Bedeutung Albrecht Dürers, Peter Vischers, Wolframs von Eschenbach und Gerhards von Rile gab es in der Gründerzeit keine Kontroversen, ihre Anbringung als Skulpturen hoch oben am Nordturm war keine Manifestation avantgardistischer Gesinnung.

Das gesamte untere Geschoss der Drachenburg diente der Repräsentation des Hausherrn. Eine Apollobüste markierte seinen Kunstsinn, Gemälde aus dem bacchantischen Themenkreis in einem etwas abgelegenen Kabinett standen für rheinischen Frohsinn mit einer Neigung zu Herrenwitzen. Der Herr von Welt präsentiert sich mit Gewehr-, Queue- und Bücherschrank (Abb. S. 83), als seien diese Requisiten des Bildungsbürgertums auf einer Liste abgehakt worden.

Die Architektur von Schloss Drachenburg ist höchst widersprüchlich. Das Äußere gibt sich rätselhaft (Abb. S. 92). Die üppige Dekoration des Baukörpers und der Formenreichtum der Dachlandschaft sind definitiv nicht dazu angetan, dem Betrachter Bedeutung und Funktion einzelner Räume im Inneren zu verdeutlichen. Manches Detail am Außenbau hat im Inneren keine adäquate Entsprechung, bleibt pure Fassade.

Anders als das pittoreske Äußere suggeriert ist die Raumstruktur im Inneren durchaus aufgeräumt. Die Enfiladen der Raumfluchten sind von barocker Rationalität (Abb. S. 84). Technisch war das Gebäude am Ende des 19. Jahrhunderts auf der Höhe seiner Zeit. Den Bewohnern und ihren Gästen wurde aller nur denkbare Komfort geboten. Die Kamine sind Attrappen (Abb. S. 85), es gab – und gibt – eine Zentralheizung.

So ist das Haus so rätselhaft und widersprüchlich wie sein Bauherr und Besitzer Stephan von Sarter. Er ließ sich vom Herzog von Sachsen-Meiningen in den Stand eines deutschen Freiherrn erheben. Er ließ sich in seiner rheinischen Heimat ein Schloss erbauen, das außer seiner Bildung auch seinen Nationalstolz plakativ inszeniert, blieb dann aber doch in Paris und ließ sich als Franzose einbürgern.

Blick vom Nordturm nach Süden auf den Hauptturm, im Hintergrund der Rhein und der Drachenfels

Die NRW-Stiftung
Eine Chance für Natur, Kultur und Ehrenamt

Seit ihrer Gründung 1986 verbindet die Nordrhein-Westfalen-Stiftung Fördermaßnamen für den Naturschutz und die Heimat- und Kulturpflege unter einem Dach. Mit dieser Aufgabenstellung ist sie bis heute einzigartig unter vergleichbaren Stiftungen in Deutschland. Diese Konstellation ist aber durchaus nachvollziehbar, wenn man den Begriff »Heimat« als Ganzheit begreift. Als Einheit von Natur und Kultur, als eine über Jahrhunderte oder auch Jahrtausende gewachsene »Kulturlandschaft«, die von Menschen mit ihrer Geschichte geprägt wurde. Mühlen und Industriedenkmäler gehören ebenso dazu wie Burgen, Schlösser und Adelssitze, originale Bodendenkmäler aus der Römerzeit oder hochmoderne Museen zur Geschichte der Römer. Durch Menschenhand geschaffene Heideflächen liegen im Fokus der Stiftung, aber auch Industriebrachen, die heute oft wieder naturnah gestaltet werden. Mit dem flachen Niederrhein, dem fruchtbaren Münsterland und den Mittelgebirgsregionen in der Eifel und im Sieger- und Sauerland bietet NRW zudem sehr abwechslungsreiche und unterschiedliche Naturräume. Die räumliche und kulturelle Vielfalt des Landes wird immer wieder auch als Vorteil beschrieben – für die Menschen, die hier zu Hause sind, die Nordrhein-Westfalen als liebenswerte Heimat begreifen.

Natur- und Kulturerbe bewahren

Die in der Landeshauptstadt ansässige NRW-Stiftung hilft seit ihrer Gründung vor allem ehrenamtlichen Vereinen, Verbänden und Gruppen, die sich in konkreten Projekten für den Naturschutz und die Heimat- und Kulturpflege in NRW einsetzen. Rund 2300 Maßnahmen hat die NRW-Stiftung bislang fördern können – die mit Abstand ehrgeizigste und aufwendigste Maßnahme ist die Restaurierung von Schloss Drachenburg in Königswinter. Daneben gibt es auch andere Maßnahmen, die sicherlich landesweit von Interesse sind: So hat die NRW-Stiftung beispielsweise das Neanderthal-Museum in Mettmann (Abb. 1, 2) gebaut, das bis zu

1

2

3

4

5 6

200 000 Besucher jährlich anlockt, viele auch aus dem Ausland. Die von Sagen umwobenen Externsteine (Abb. 3) in Ostwestfalen ziehen ebenfalls hunderttausende Besucher jährlich an. Hier wird mit Hilfe der NRW-Stiftung ein neues Informationszentrum gebaut. Das Beethoven-Haus in Bonn profitierte von der NRW-Stiftung, ebenso Schloss Corvey in Höxter oder die altehrwürdige Burg Altena (Abb. 4), eine der schönsten Höhenburgen Nordrhein-Westfalens. Daneben hat die NRW-Stiftung die Instandhaltung oder Sicherung zahlreicher alter Hofanlagen, Handwerksbetriebe, Zechenanlagen oder anderer, zumeist denkmalgeschützter Bauwerke gefördert, die dann als Museen oder für Kulturveranstaltungen genutzt werden und öffentlich zugänglich sind.

Im Naturschutz liegt ein Schwerpunkt im Erwerb und in der Betreuung von Naturschutzgebieten und schutzwürdiger Flächen. Der Nordrhein-Westfalen-Stiftung gehören derzeit schon rund 6000 Hektar Land: Wiesen und Heiden, Moore, Wälder und Auen. So kann der Lebensraum gefährdeter Tiere und Pflanzen auf Dauer beschützt und gehütet werden. Davon profitieren etwa die Weißstörche im Weserbergland (Abb. 5), Laubfroschkolonien im münsterländischen Coesfeld (Abb. 6), die wild wachsenden Narzissen in den Eifeltälern bei Monschau und etliche Orchideen im Siegerland. Vor allem alte, durch bäuerliche Wirtschaft geprägte Landschaften wie die Triften und Bergwiesen auf der Lipper Höhe in Siegen-Burbach haben hier einen besonderen Stellenwert. In solchen Landschaften sind Natur und Kultur untrennbar miteinander verbunden.

Eine Frage der Ehre

Hinter vielen Projekten der NRW-Stiftung steckt ein erstaunlich hoher Einsatz von Menschen, die sich ehrenamtlich, und dabei auch mit viel Herz und Sachverstand für konkrete Maßnahmen einsetzen. Nicht selten werden mehrere tausend Stunden an ehrenamtlichen Leistungen in die Restaurierung von Baudenkmälern investiert. Diesen Einsatz unterstützt die NRW-Stiftung besonders gern, denn wenn etwas ehrenamtlich getan wird, wird es oft mit Überzeugung getan – so helfen echte »Überzeugungstäter«, die Heimat lebens- und liebenswert zu erhalten.

Die Fördermittel der NRW-Stiftung werden aus Erträgen des Stiftungskapitals und mit Geldern aus Lotterien erzielt. Doch diese Mittel sind nicht ausreichend, um die vielfältigen Projekte für Natur, Heimat und Kultur zu unterstützen. Nicht alle Förderanträge, die an die NRW-Stiftung gerichtet werden, können daher bewilligt werden. Deshalb appelliert die NRW-Stiftung an das Engagement der Menschen im Land. Rund 8000 Bürgerinnen und Bürger sind Mitglieder im Förderverein NRW-Stiftung. Mit ihren Mitgliedsbeiträgen und Spenden unterstützen sie ausgewählte Förderprojekte. Naturbegeisterte und heimatverbundene Förderer unterstützen die Stiftung nach ihren Möglichkeiten mit Spenden und persönlichem Engagement über viele Jahre und einige von ihnen auch mit ihrem letzten Willen, wenn sie Stiftung oder Förderverein im Testament bedenken. Seit über zehn Jahren bietet die NRW-Stiftung außerdem an, dass unter ihrem Dach unselbstständige Stiftungen gegründet werden. Mit eigener Satzung und Zweckbestimmung können die Stifterinnen und Stifter ihre wichtigen Anliegen für Natur und Kultur in NRW langfristig und nachhaltig sichern. Die NRW-Stiftung übernimmt als Treuhänderin die administrativen Aufgaben und unterstützt nach Kräften bei der Projektarbeit. So ist in fast 25 Jahren eine tatkräftige Stiftungsfamilie herangewachsen, die sich noch mehr Unterstützung wünscht, um gemeinsam mit den Menschen im Land ein liebenswertes NRW zu erhalten, zu fördern und für die Zukunft zu gestalten.

Winfried Raffel